(Par Louis-Rodolphe Gilbert, baron de Salis, d'après Barbier.)

MÉMORIAL

DE

LA SESSION DE 1815,

ET

LETTRE D'ENVOI,

PAR UN DÉPUTÉ DES ARDENNES

RÉÉLU.

MÉMORIAL

DE

LA SESSION DE 1815,

ET

LETTRE D'ENVOI,

PAR UN DÉPUTÉ DES ARDENNES

RÉÉLU.

PARIS,

DE L'IMPRIMERIE D'HACQUART, RUE GÎT-LE-COEUR,

N° 8.

1817.

AVERTISSEMENT.

L'AUTEUR de ce Mémorial, de retour à la campagne, après la session de 1815, avait été sollicité par ses amis de leur transmettre quelques opinions qu'il avait émises, et qu'ils désiraient répandre dans le département. Il s'y était engagé ; mais pour donner à cette communication une utilité probable, il crut pouvoir ajouter une lettre d'envoi à cette mince collection, et y insérer, sur les travaux de la Chambre, un Mémorial déjà dressé pour son propre usage, et qui lui paraissait présenter avec assez d'impartialité le véritable résultat de cette session mémorable.

Par l'ordonnance du 5 septembre, la Chambre de 1815 étant tombée dans le domaine de l'histoire, il a dû être permis également de la censurer et de la défendre. Un exposé précis et méthodique des actes de sa session pouvait remplir l'une ou l'autre de ces vues, et même toutes les deux à la fois ; l'Auteur de ce Mémorial avait donc songé à le livrer à l'impression avec la lettre qui l'introduit. Il a eu lieu de croire ensuite que des nouveaux intérêts, dominant les esprits, laisseraient peu d'attention s'attacher à la Chambre de 1815; mais les journaux, et même des opinions de tribune ayant continué d'entretenir l'à-propos sur ce sujet, on a pensé qu'il était encore tems de le saisir, et on n'a vu aucune inconvenance à reproduire un passé qui tient de si près au présent.

Nous avions eu la pensée de livrer en même tems à la réimpression les opinions ou articles du même Auteur qui sont cités dans le Mémorial, auxquels il est renvoyé par des numéros et qui devaient être ajoutés à la fin; mais nous nous sommes réduits à en insérer seulement les titres, considérant que ces morceaux ne portent guère que sur des circonstances passées, ou des choses décidées.

On dira peut-être : à quoi sert un Mémorial de la session de 1815, puisque nous en avons l'histoire ? C'est précisément parce que l'histoire en a été faite, que ce Mémorial peut être utile comme Table des matières.

LETTRE D'ENVOI.

Un Député du Département des Ardennes, à M. N....., domicilié dans le même Département.

A la campagne près R...., le 1er juillet 1816.

MONSIEUR,

Ce n'est point comme un mandataire, rendant compte à ses commettans, que j'ai l'honneur de vous écrire. Je sais tout ce que le caractère de Député doit conserver d'indépendance; mais je ne puis détruire dans ma pensée cette relation morale, indépendante aussi de tous les systèmes politiques, et qui, dans le moindre intérêt, s'établit nécessairement entre celui qui donne sa confiance et celui qui la reçoit; traité tacite qui autorise l'un à considérer quel usage il a été fait de cette confiance donnée, et permet à l'autre de montrer qu'il ne l'a point trahie. Or, quel intérêt, plus grand que celui de la députation, pourrait lier entr'eux, ceux qui ont désigné l'homme de leur choix et celui qui en a été honoré? Je crois donc, Monsieur, rester dans le rapport moral du caractère dont j'ai été revêtu, en vous exposant dans quels principes j'ai rempli ma mission. Ces premières considérations me mènent naturellement à examiner en quoi consiste le caractère politique d'un Député. Il ne vous aura point échappé qu'il s'est élevé sur ce sujet quelque coutreverse dans la Chambre, et qu'après avoir assez bien prouvé tout ce que ses membres ne sont pas, on n'est pas trop convenu de ce qu'ils sont véritablement. Il paraissait tout simple d'établir qu'ils sont ce que dit la Charte : *les Députés des départemens.* Mais en plus d'un article, ce que la Charte a dit, il reste encore à l'expliquer. Notre langue ne paraît pas arrivée à ce point de perfectionnement que les noms y soient des définitions et y expriment la plénitude des choses. Il faut donc souvent discuter les mots comme une proposition, pour déterminer ce qu'ils signifient et parvenir à s'entendre en les employant. Or, c'est là sans doute la grande difficulté, puisqu'il a été affirmé également que nous représentions tout et que nous ne représentions rien. Vous n'êtes point *les représentans des départemens*, nous disait aussi un orateur très-puissant à prouver ce qu'il avance. S'il a entendu cette représentation dans un sens absolu, qui comprendrait indéfiniment, comme il disait, le droit, la volonté et le pouvoir, il a certainement démontré sa proposition. Nous reconnaissons en effet, que la Nation ne peut être représentée d'une manière absolue que par un seul représentant, qui est le Roi; comme il arrive lorsque dans ses traités avec les autres nations le Souverain se fait fort pour la sienne, et stipule pour elle aux actes de politique extérieure qui l'obligent; et ce qui a lieu encore lorsque, dans un désordre extrême à l'intérieur, il est forcé de réunir temporairement tous les pouvoirs pour sauver son peuple de l'anarchie; je dis forcé, car cette concentration de pouvoirs, protectrice dans le trouble, deviendrait une

M. de Sesmaisons.

M. de Labourdonnaye.

M. Royer-Collard.

cause d'agitation dans un tems de calme et par conséquent une force mal employée, faute très-grave contre l'art de gouverner. Enfin si les départemens pouvaient avoir divisément une représentation particulière, ils deviendraient autant de petits états indépendans, le Roi ne serait plus qu'un chef de fédérationet l'état retomberait dans un nouveau cahos politique.

Mais si l'on entend n'attribuer aux départemens qu'une représentation relative à des intérêts déterminés par la Charte, nous ne pensons pas qu'elle puisse être contestée, car tout est représentation dans les gouvernemens modernes : on n'y voit que des représentans et des représentés sous une relation quelconque ; de sorte que ni gouvernemens, ni même affaires privées ne sauraient marcher sans cette ingénieuse fiction. Les Députés représentent donc leurs départemens dans l'intérêt bien positif pour ceux-ci, qu'il soit formé l'avis le plus sage pour l'établissement des lois proposées, qu'il soit voté les secours nécessaires au Gouvernement par l'impôt le moins onéreux et le plus équitablement réparti ; enfin, qu'il soit exercé une surveillance éclairée sur l'exécution des lois rendues et sur l'emploi des fonds alloués. Refuser à la Chambre des Députés ces deux surveillances, ce serait effacer une partie de la Charte; y biffer, d'une part, le droit de pétition qui donne le seul moyen de révéler les abus d'autorité, et décider, de l'autre, que le budget ne sera ni consenti, ni proposé, mais imposé.

Si, au contraire, l'autre doctrine ni ambigue, ni sophistique, renferme tous les devoirs de la députation; en vous montrant, Monsieur, que je m'y suis conformé, je vous aurai prouvé également que je n'ai point manqué au caractère de bon et loyal Député.

Mais avant de passer en revue les principales propositions qui nous ont été soumises, il convient peut-être de considérer la Chambre dans la manifestation de ses principes et dans le premier exercice de ses pouvoirs, en nous reportant d'abord, par un court historique des antécédens, aux circonstances extraordinaires où elle a été convoquée.

Celui que nous avons vu le dominateur de la France, avait trouvé la Nation ensevelie sous les décombres de toutes ses anciennes institutions et même de ses essais révolutionnaires; il se saisit du pouvoir échappé successivement à toutes les factions. Pour se l'assurer, il organisa une armée qu'il accoutuma facilement, par l'appat de la gloire, à ne reconnaître d'autre légitimité que celle du sabre; une administration rigoureuse qui ne remplit d'autre obligation envers ses administrés que celle de les faire obéir; un conseil d'Etat ne considérant que les intérêts du fisc et les droits du domaine sur la propriété de chacun; des tribunaux quelquefois forcés de se vendre dans une cause pour rester indépendans dans les autres; enfin, un sénat pour nourrir le despote de conscriptions et de flatteries, et une Chambre pour voter des centimes et le silence. Enivré de sa puissance et ayant envahi tout au dedans, cet homme ne rêva plus que domination au dehors. Il fit irruption par-tout, mais ne prit consistance nulle part; et après qu'il eût réuni contre lui toutes les Nations et leurs Souverains, outragés par des traités ou avilis par des alliances, nous vîmes les restes déplorables de ses armées rejetés en deçà de nos frontières, leur chef enfin déchu de sa puissance gigantesque et de sa haute renommée, et le sol français qui avait fourni tant de soldats à la victoire, subir à son tour le joug humiliant de l'invasion.

L'usurpateur, abandonné de la fortune qu'il avait lassée, lâcha enfin sa proie, cette belle France, comme il l'appelait, et dont il avait sacrifié les armées à sa folle ambition, épuisé la population, dissipé les finances et perdu radicalement les colonies et la marine; et c'est dans cette position désastreuse où nous étions plongés, que le Roi vint rendre à la Nation son souverain légitime, la paix extérieure, l'espoir de nouvelles prospérités, et sinon toutes ses colonies du moins un pavillon considéré. Ce Prince essaya de gouverner avec les instrumens que s'était créés cette même puissance qui venait de s'évanouir; nous avons vu Sa Majesté trahie dans ses armées et dans ses conseils, et comment fut préparée la nouvelle usurpation de cet homme, apparaissant tout à coup sur les côtes de Provence comme ce point noir qui, dans l'horizon, signale aux matelots une horrible tempête. Sa chute, quoique soudaine, tarda assez pour nous attirer une foule de maux accablans et incalculables dans leurs conséquences. L'usurpateur semblait n'être revenu que pour consommer sa propre ruine et s'en consoler par la nôtre. Il n'abandonna donc la France que livrée à tous les ravages de l'occupation militaire, écrasée sous les contributions de tout genre, et nous laissant à payer non seulement les frais de ses campagnes extravagantes, mais même celle des cent jours qui venait de mettre le comble à nos malheurs.

Associé à notre infortune, le Roi est venu de nouveau nous préserver de la grande ligue des nations ; et c'est en voulant reposer les bases du Gouvernement royal, un instant démoli par l'usurpateur, que Sa Majesté a convoqué une nouvelle Chambre de Députés. Aussitôt que les élections furent connues et que les premières réunions de Députés se formèrent, les intérêts divers s'émurent. On chercha à entrevoir quel serait l'esprit de la nouvelle Chambre; on se pressa de la juger.

Les uns craignaient qu'elle n'abusa de sa force, les autres qu'elle n'en eût point assez. Nous avons essayé à ce sujet d'exprimer un heureux présage pour l'assemblée, et d'indiquer en même tems l'attitude qu'il lui convenait de prendre et de garder. Cet article, inséré au *Journal général* du 23 septembre 1815, vous aura sans doute échappé ; et malgré son peu d'importance, je le rétablis ici.

DE LA DIGNITÉ DES ASSEMBLÉES DÉLIBÉRANTES.

(*Voyez* à la fin, N°. 1. (1))

Il était impossible qu'une assemblée aussi nombreuse, délibérant dans une longue session sur des questions si voisines des passions de partis, pût conserver constamment le calme convenable, néanmoins elle a su se préserver, sinon de quelques agitations, du moins de ces scènes tumultueuses qui avaient

(1) Ces réimpressions sont supprimées conformément aux motifs exprimés dans l'Avertissement.

signalé plusieurs assemblées précédentes ; on n'y a point eu le scandale de ces cris orageux, de ces gestes ignobles qui dégradent la discussion et avilissent ceux qui s'y abandonnent ; et s'il en avait été donné un exemple, pour me conformer à mes principes sur la dignité des assemblées délibérantes, je m'abstiendrais de le désigner. Mais reprenons l'ordre des faits.

Le 7 oct. 1815. Le Roi avait ouvert la session par le Discours mémorable dont nous avons tous gardé un souvenir profond. Le premier acte de l'Assemblée légalement constituée fut de voter
14 novembre. une Adresse à Sa Majesté. La Chambre des Pairs procéda de même. Les deux adresses attirèrent l'attention du public qui s'attendait à y trouver des déclarations de principes, et cherchait à y préjuger la marche politique des deux Chambres. J'ai cru dans le tems qu'il ne serait pas sans intérêt, pour plusieurs lecteurs de journaux, de leur faire connaître de quelle manière se composait une adresse dans la Chambre, et à quoi s'en bornait la discussion préalable dans les bureaux. J'ai hasardé quelques vues comparatives sur les deux adresses, présagé la marche

de la Chambre des Députés, et cet article a été inséré dans le *Journal général* du 26 octobre 1815.

Il se sera perdu pour vous dans la foule des feuilles éphémères; je vous le reproduis ici, Monsieur, afin que vous jugiez sur mes propres observations de leur rectitude ou de leur insuffisance.

DES ADRESSES.

(*Voyez* N°. 2. (1)

En avançant alors dans cet article qu'on ne distinguait aucun côté dans la Chambre, je ne m'étais nullement aventuré à prédire qu'il ne s'en formerait point, ni qu'on ne chercherait pas à en former. Il ne tarda guère à s'en établir deux, lorsque les membres, venus sans doute avec le sentiment du besoin de se réunir autour du trône et tendant ainsi vers le même but, se partagérent cependant sur des routes différentes, chacun prétendant prendre la meilleure.

(1) Même observation qu'au nº 1er. Nous ne la répéterons plus.

Les uns considérant d'un œil vigilant l'état présent de la France, la dépravation qui s'y manifestait dans les opinions politiques, au point que tous les systèmes de faction y paraissaient ouvertement soutenus et jusqu'à disputer au règne des lys sa couleur, ceux-là, dis-je, crurent devoir faire hautement profession de rattacher tous leurs principes au grand principe de la légitimité, en opposition au grand principe révolutionnaire; le premier étant le seul qui dans une monarchie puisse fonder la stabilité du Gouvernement et de toutes les choses qu'il protège : le second, vrai générateur de l'anarchie, ne pouvant servir qu'à faire remettre chaque jour en question l'institution de la veille. Aussi hors de la doctrine de la légitimité on ne saurait prévoir que troubles et catastrophes. Le trône ne sera plus qu'au premier occupant, la succession des règnes qu'une suite d'usurpations heureuses, la couronne un prix toujours à donner que l'audace voit briller dans les mains des factions. Celles-ci prétendront tour-à-tour représenter la Nation, et il nous faudra les enrichir successivement comme nous avons doté en domaines la faction anarchique de 93, en conquêtes et dévastations la faction militaire de Bonaparte, mais en fausses espérances seulement la faction de l'Isle d'Elbe qui, à peine formée, se repaissait déjà de confiscations promises. Dans cette succession de désordres, le père de famille ne voit plus d'autre carrière pour ses enfans que celle des orages, au milieu desquels des emplois et des dignités éphémères sont les points d'un dé toujours roulant, et où les propriétés deviennent l'héritage de ceux-là seuls qui ont la puissance de proscrire. Le fisc et la guerre vont régler tous les droits. L'un vous disputera la mine qui est sous vos guérets, l'arbre que votre aïeul a planté, le communal qui est la ressource du manœuvre sans héritage. Puis l'étranger viendra régner à son tour. En vain le citoyen paisible se couvre de chaume, ensemence chétivement son champ; sa cabane deviendra un logement de guerre et sa subsistance la proie du soldat armé. Qui peut sauver une nation de pareilles calamités? Un Souverain légitime, assuré par un ordre de succession établi. Dans cette légitimité toutes les garanties se trouvent, tous les principes d'ordre reposent. Les familles ne craindront plus d'être dépouillées de leurs héritages, les communes de leurs domaines, l'Etat de ses dernières ressources. La religion sera soutenue sans feinte par la puissance temporelle; elle protégera réciproquement celle-ci de son influence sur les croyances qu'elle spiritualise et sur les mœurs qu'elle épure. Si elle s'est conservée sous la cendre pendant la tyrannie, elle reprendra sous la monarchie légitime cet éclat qui n'en efface aucun et relève au contraire toutes les grandeurs, comme on l'a vu sous le grand régne. A l'extérieur la légitimité consolidera les traités, fortifiera les alliances. Les Français ne verront pas leurs auxiliaires combattre avec eux aux avant-postes et conspirer contr'eux à l'arrière-garde, ni leurs ennemis calculer les dépenses *d'une guerre viagère* (1) et la terminer. Dans l'intérieur toutes les spéculations de commerce, toutes les entreprises d'industrie reprendront l'activité que favorise un ordre stable. On ne verra même

Campagne de 1813.

(1) Expression de lord......

pas une opération de finances, plus ou moins habilement combinée, faire balancer à grandes oscillations le crédit public; car ce n'est pas le sort d'un particulier mais celui de l'Etat qui importe aux capitalistes, et ils le voyent fixé par la légitimité. Nous en avons eu un exemple frappant vers la fin de la session. On a discuté le budget dans des plans différens et très-opposés, chaque orateur prédisant la ruine du crédit public si on sortait de son système. La Chambre a fait une loi de finances prodigieusement différente de celle qui avait été proposée, et la rente sur l'Etat n'a presque pas varié. Enfin c'est la légitimité du Prince qui donnait du crédit non seulement à l'Etat, mais encore aux provinces, aux villes, au clergé; on leur confiait sa fortune sans appréhension, mais qui aurait prêté un écu à l'usurpateur, même dans sa plus grande fortune? Personne, pas même ceux avec qui il avait partagé.

C'est donc ce principe et ses conséquences que la Chambre a toujours eu présens à l'esprit dans la discussion des lois qui lui ont été proposées. Elle ne l'a point fondé sans doute, mais elle a peut-être l'honneur de l'avoir affermi, non seulement pour la France, mais pour l'Europe entière. Ils l'ont conduite, non pas à réagir contre la révolution, comme on lui en a supposé le dessein, mais à ne rien faire selon la révolution, à la considérer comme terminée, et à s'abstenir au moins de la continuer, refusant hautement soit d'en adopter les maximes, soit d'en protéger spécialement les auteurs. Toutes les propositions qui présentaient cette apparence, éprouvèrent nécessairement une opposition constante. Ces propositions ne purent se défendre sous la protection des formes, mais de fortes controverses s'élevérent sur l'initiative et la doctrine des amendemens, matiéres dans lesquelles il est facile de trouver le pour et le contre, pour peu qu'on ambitionne d'être d'avis différent. Les uns voyaient tout dans le Roi, les autres tout dans la Charte; on aurait dit que ceux-là feraient du Roi leur Charte, et ceux-ci de la Charte leur Roi; un côté semblait la considérer comme un acte volontaire du Souverain, l'autre n'y reconnaître que le droit de chacun et la volonté de tous. Aussi les premiers ne supportaient pas l'imputation d'attaquer la prérogative royale, les seconds avaient à se défendre de ne vouloir soutenir que la prérogative de la révolution ; et chacun cependant prétendait être resté dans la ligne constitutionnelle, sur laquelle il est véritablement dans notre intérêt à tous de demeurer unis contre l'ennemi commun, celui du Gouvernement légitime.

Mais qu'est-ce donc que la Charte, se demandait-on encore après en avoir tant parlé (1)? C'est, a dit un de nos collègues les plus distingués, *la compensation de toutes nos institutions détruites.* J'ajouterai, c'est le plan d'une machine politique, dont la première condition d'exécution est que cette machine puisse marcher et marche en effet dans le système donné. Le législateur a donc dû se ménager, ainsi qu'il l'a fait, des moyens constitutionnels d'en rectifier et régulariser le mouvement, et cela avant que la machine ne se détraque ou ne se transforme, avant que toutes les forces législatives ne se résolvent en un ministère absolu, qui reproduirait du gouvernement impérial non M. de Villèle.

(1) En 1815.

son éclat, mais notre servitude honteuse, derrière lequel enfin on chercherait vainement le Roi et la nation, et qui serait dès lors le dernier degré d'avilissement pour tous.

Je m'étais appuyé, Monsieur, sur les principes et les considérations que je viens de vous exposer, quand appelé aux débats de la Chambre, j'ai dû y arrêter mes opinions. Mais pour les professer ces principes, je n'avais point attendu l'influence de l'honorable assemblée avec laquelle j'ai été autorisé à voter. J'avais eu l'occasion de les manifester dans le collège électoral que j'ai eu l'honneur de présider, sans prévoir nullement que j'aurais celui de la députation, et ayant même détourné de moi les voix qui me portaient à la candidature.

Vous verrez que j'avais puisé dans l'état et la nature des choses plusieurs idées positives sur nos véritables intérêts, sur l'importance de la mission d'un Député, et sur la compétence de la Chambre, comme elle avait été déterminée par des ordonnances récentes.

DISCOURS D'OUVERTURE

DE LA SESSION DU COLLÈGE ÉLECTORAL DE, etc.

Voyez N° 3.

Après vous avoir communiqué l'espèce de déclaration de principes que j'ai eu l'occasion de faire avant la réunion de la Chambre de 1815, je vais passer aux grands objets qui ont rempli sa session.

Mais ce n'est point, Monsieur, un rapport complet des travaux de la Chambre que j'entreprendrai de vous présenter; les journaux vous les ont exposés à mesure, et il vous serait fastidieux de les voir reproduits dans leurs détails. Un exposé rapide mais substanciel serait plus attachant. Nous supposons que pour être fait avec utilité et convenance il devrait présenter l'esprit de la loi proposée, une analyse serrée de la discussion, un tableau vrai mais décent de ses débats, une critique discrète sur les talens qui s'y seraient développés, et le résultat numérique qui aurait fait admettre ou rejeter chaque proposition.

Un tel résumé des travaux de la Chambre

ne saurait à la vérité en donner une mesure exacte, ni en exprimer toute la valeur; mais il pourrait suffire au lecteur qui se contenterait de considérer d'un coup d'œil rapide l'Assemblée dans sa route législative, de quel point elle est partie, celui qu'elle a atteint et sa contenance pendant sa marche, présage important pour la législature (1).

Sans doute la tâche est moins facile à remplir qu'à donner. Il faudrait être court et plein, écarter avec discernement, choisir juste, et dans chaque discussion montrer le sujet soutenu et non enseveli. L'auteur de ce travail devrait néanmoins s'abstenir de paraître, et aura soin de prendre tout son esprit dans celui des autres, afin que le lecteur se croye toujours à l'assemblée.

L'analyse de la discussion peut se réduire à l'extrait de deux opinions principales et

---

(1) Nous entendions par ce mot une période de sessions, le Roi l'ayant employé en ce sens dans son discours d'ouverture. L'acception est changée; mais nous cherchons encore si elle est fixée, si l'on peut dire la législature de ce pays et la législature de 1817, et si le même mot n'a pas deux sens différens dans cet exemple.

contraires qui auront partagé les débats; elles seraient présentées par leurs points les plus lumineux, dégagées de ce déluge de propositions incidentes où se noye la question principale, et dont il conviendrait ici de sauver soi-même et le lecteur. Ce qu'on pourrait lui offrir de plus piquant, serait sans doute le tableau des derniers débats qui animent la fin de la discussion ou qui forment proprement la délibération; ce feu croisé d'amendens sous lequel les opinions se combattent ou traitent entr'elles, où l'on voit chaque article de la loi attaqué et défendu, la loi toute entière énervée par des dispositions nouvelles, ou corroborée par des additions utiles, ou maintenue dans la pureté de la première conception par une opinion lumineuse et entraînante. Dans cette petite guerre de la pensée soudaine et de la parole facile, qui a bien sa tactique aussi, on aura pu remarquer des attaques mal combinées et grand nombre de coups perdus; en faire le récit serait un autre inutilité, il suffirait donc d'exposer les argumens qui auront mis la question en doute et ceux qui l'auront résolue.

Mais si dans ce tracé de la discussion on est amené, comme il est inévitable, à parler des personnes ou seulement à les désigner, que de difficultés se présentent! Avec quelles précautions il faudrait glisser à côté de l'amour-propre de chaque orateur, pour ne blesser ni celui qu'on nomme, ni celui qu'on oublie! La critique saura-t-elle aller jusqu'où elle doit, et s'arrêter où il convient, faire la censure des paroles en ménageant les personnes, ou y attacher quelqu'intérêt sans y placer les noms?

La louange serait également difficile à manier : franche, elle classe les rivaux et les offense tous, hors celui qu'elle place le premier; indécise, elle ne satisfait personne; purgée de toute malice, elle ennuiera tout le monde. Ainsi, toujours le même embarras entre ce qu'on trouverait à dire et ce qu'il ne faudrait pas dire (1).

Aussi, Monsieur, après avoir essayé de vous indiquer comme on aurait pu rédiger

---

(1) Nous considérions alors la Chambre de 1815 comme une personne encore vivante et très-susceptible.

un tableau utile des travaux de la Chambre, et vous en avoir exposé les difficultés, je me garderai bien de l'entreprendre. Jeme contenterai de vous offrir un simple Mémorial de sa session, passant rapidement en revue les principales propositions qui l'ont remplie, et les considérant très-brièvement, d'abord dans ce qui se rapporte à l'intérêt général de la France, et aussi dans ce qui peut toucher l'intérêt particulier de notre département.

Je me hâte de vous introduire dans nos séances.

MÉMORIAL

DE

LA SESSION DE 1815.

Les Ministres du Roi, par les premiers projets de loi qu'ils apportèrent à la Chambre, signalaient dans l'Etat un mal qui nous était bien connu ; c'était cet esprit de sédition qui menaçait sans cesse l'intérieur et se manifestait journellement avec une audace nouvelle, donnée bien moins par la passion de la révolte que par l'impunité du crime. Dans un tel état de désordre, le peuple n'a point la paix intérieure qui est son premier besoin, le Gouvernement n'a pas rempli son premier devoir qui est de la lui assurer. Les Ministres n'en avaient

point trouvé les moyens directs en dedans de la Charte, il fallait donc en sortir ; ni de suffisans dans le Code pénal, auquel par conséquent il devenait nécessaire d'ajouter ; non plus que dans les tribunaux établis, qu'ainsi il était indispensable de suppléer par une juridiction plus célère. C'est sur ces trois points qu'il a été proposé à la Chambre de subvenir, d'abord par un projet
de loi sur la répression des cris séditieux 16 octob. 1815.
et des provocations à la révolte, ensuite
par un autre sur la détention des prévenus 18 octobre.
d'attentats politiques ; finalement, par un
troisième sur le rétablissement des juridic- 17 novembre.
tions prévôtales.

On aurait désiré que ces trois projets, dirigés vers le même but, eussent été proposés simultanément, afin que la Chambre pût considérer du même tems toute l'économie de ces lois, et juger si elles avaient été coordonnées entr'elles avec assez de justesse pour s'appuyer ou se suppléer, sans néanmoins s'aggraver.

La seconde, qui a été discutée la première, semblait en effet devoir se présenter ainsi, comme dirigée contre les factieux les plus importans, les conspirateurs en chef qui savent se cacher dans le trouble même qu'ils excitent, et dont on connaît mieux les espérances que les desseins. Ce n'est point cette espèce d'hommes dangereux qui pouvait encombrer les prisons et donner une apparence odieuse à la mesure proposée.

La loi contre les cris séditieux se plaçait naturellement ensuite, dans le but de réprimer tous les instrumens aveugles, premières victimes des véritables factieux, que ceux-ci jetent en avant pour essayer et couvrir leurs entreprises impies, et ensuite, dans le cas de non succès, se sauver du châtiment auquel ils les livrent.

Enfin, ces chefs dangereux et leur milice méprisable pourront se porter jusqu'à la révolte ouverte, et le rétablissement des Cours prévôtales vient compléter tous les moyens réguliers de répression contre de tels attentats.

Mais le Ministère, pressé par les circonstances et les affaires, n'a pu être prêt pour présenter à tems un travail mûri. Il y a paru, sur-tout dans le projet de loi sur la répression des cris séditieux et des provocations à la révolte. Par insuffisance de tems ou des rédacteurs, le projet s'est trouvé tellement défectueux, qu'il a disparu à peu près en entier dans celui de la Commission centrale, consenti ensuite par les Ministres sous le nom d'amendemens. Il a été remarquable que les Membres de la Chambre qui ont le plus constamment défendu sous les noms de prérogative royale et d'initiative royale l'infaillibilité des Ministres, n'hésitèrent point à reconnaître la nécessité de refondre le premier projet de loi, d'y établir un classement méthodique qui manquait absolument; et alors aucune réclamation ne s'éleva contre le droit de la Chambre d'amender les projets des Ministres, au point même de les refaire en entier (1).

Les principaux changemens proposés par la

---

(1) A cet égard, la doctrine dans la Chambre de 1815 vient d'être confirmée complètement par la Chambre de 1816, quand on y a vu les Ministres, à la séance du 14 février, céder la priorité de discussion au projet de la Commission du budget.

Rapporteur, M. Pasquier.

Commission, tendaient à mieux distinguer dans les provocations à la révolte les crimes et les délits, à les classer et à déterminer des peines proportionnées. La discussion a produit quelques propositions d'une sévérité outrée, rompant évidemment la gradation des châtimens, qu'on trouve renfermée dans les bornes étroites de la pénalité entre la plus brève détention et la mort, tandis que les degrés sont presqu'infinis dans le crime (1). Mais le bon esprit de la Chambre a écarté ces propositions inconsidérées, et la loi est sortie saine de la délibération.

Le projet de loi relatif à la détention des prévenus d'attentats politiques, présentait des conséquences bien plus graves dans ses effets probables : le premier était rigoureux mais réglait tout, le second l'était bien davantage en ce qu'il ne réglait rien. Où l'arbitraire s'établit, la loi s'évanouit, il ne reste qu'une mesure. Celle qui était proposée en quatre articles seulement, compromettait éminemment la liberté individuelle. Elle a tant imposé à la pensée de chacun, que la Chambre, très-disposée à amender les autres

(1) Opinion de M. De Serre.

projets de loi, n'a point osé toucher à celui-ci, et, en l'adoptant sans amendement aucun, elle a paru exprimer toute l'étendue de sa confiance dans le Ministre, où tout le poids de la responsabilité dont elle le chargeait.

La loi sur l'établissement des Cours prévôtales, se trouvait naturellement avoir été méditée d'avance, puisqu'elle ne faisait que reproduire une ancienne institution, dont la première pensée appartenait à d'illustres Magistrats d'un autre siécle. Aussi n'y a-t-il été fait que peu de changemens.

L'amendement le plus important qu'elle a reçu est celui de l'article 18, et il a prouvé l'attachement de la Chambre aux vrais principes de la législation, dont les instituteurs révolutionnaires se sont joués avec tant d'impudence en les invoquant sans cesse : il tend à ne point rendre justiciables de cette nouvelle juridiction les crimes et délits commis antérieurement à la promulgation de la loi qui l'établit, repoussant ainsi jusqu'à l'apparence de rétroactivité.

L'article 34 a été également amendé dans le respect pour les principes, par la disposition qui accorde un conseil au prévenu.

Le 30 octobre. Le premier projet de loi a passé à 293 votes contre 69.

23 octobre. Le deuxième à 294 contre 56.

5 décembre. Le troisième à 290 contre 13.

Tel a été le résultat des premières délibérations de la Chambre, qui lui ont été pénibles à prendre sans doute, mais dont la nécessité et la rigueur n'ont été que trop justifiées. Il s'agissait moins de punir que de montrer la force qui en était donnée au Gouvernement, moins de réprimer les factieux que de les empêcher d'affecter de le paraître.

Si la Chambre a été souvent attristée au commencement de sa session par le tableau affligeant de l'intérieur remis fréquemment sous ses yeux, il faut néanmoins considérer comme la plus pénible de ses séances, celle du 25 novembre, où elle a dû entendre les communications ministérielles sur l'acte et les conventions qui venaient de régler définitivement nos rapports de politique extérieure. Je crois, Monsieur, qu'il est inutile de vous désigner d'avantage ces négociations, où il n'y a eude reprochable que leur cause. Nous sommes placés dans un département qui souffre le plus de leurs résultats. La Chambre a montré son dévouement au Roi en s'efforçant de lui présenter des consolations; prouvons le nôtre en souffrant dans le silence, et en espérant le retour de cette prospérité d'affaires intérieures, qui ravivait déjà notre département dans la première année de la restauration. Je m'empresse de revenir aux délibérations de la Chambre.

Je dois me contenter de vous indiquer sommairement celles qui n'ont porté que sur des objets d'intérêts secondaires, et qui avaient précédé la séance du 25 novembre.

On peut remarquer une loi des douanes en faveur du commerce, pour affranchir les denrées coloniales françaises, réexportées par mer, du droit spécialauquel elles étaient imposées, et convertir en un droit unique, mais seulement pour ce qui serait livré à la consommation, le double droit d'entrée et de consommation qui pesait sur les mélasses et les confitures des colonies françaises. Il est toujours édifiant de voir un directeur de douanes proposer des modérations de droits. La loi a été adoptée à 312 votes contre 4. 10 novembre.

Précédemment il avait été proposé un

projet de loi relatif à l'établissement des compagnies départementales, et un autre sur une nouvelle organisation de la Chambre des comptes. Le premier a été adopté à 270

8 novembre. votes contre 42, mais plutôt pour marquer de la faveur au Ministre qui l'avait proposé,

24 novembre. que par utilité bien reconnue de la loi. Le second a été rejeté, à 145 votes contre 132, et par des considérations précisément toutes contraires. Heureusement l'adoption ou le rejet de ces deux lois ne pouvait ni compromettre l'Etat ni empêcher d'apurer les comptes.

Tout en discutant les projets de loi présentés par les Ministres, la Chambre, dans sa sollicitude pour le raffermissement du Trône et de l'Etat, qu'une usurpation quoiqu'éphémère avait si prodigieusement ébranlés, trouvait le tems de s'occuper de différentes propositions importantes, nées dans son sein, et dont la discussion a eu beaucoup d'éclat, quoique renfermée dans des comités réputés secrets.

Par M. Hyde de Neuville. La première était relative à la réduction des cours et des tribunaux. Elle tendait à supplier le Roi de proposer une loi pour opérer cette réduction, et déclarer que les juges ne seraient inamovibles qu'un an après leur nomination.

Une question si importante, appuyée par le rapport de la Commission centrale, ne pouvait manquer d'exciter une discussion longue et animée. En soutenant des opinions opposées, on semblait vouloir la même chose par des moyens différens. Ceux qui combattaient la proposition opposaient la doctrine de l'initiative, la lettre de la Charte, les besoins des justiciables, les difficultés d'exécution. Les autres, en la défendant, prétendaient maintenir la prérogative royale, suivre l'esprit de la Charte, servir le véritable intérêt des justiciables, relever la dignité de la magistrature et sur-tout donner un fort appui au trône. Ils soutenaient que la multiplicité des tribunaux de première instance affaiblissait l'action bienfaisante des justices de paix, instituées principalement pour concilier; qu'elle multipliait les affaires sans véritable intérêt, par les appels fréquens qu'elle favorisait et presque toujours confirmatifs des jugemens de ce premier degré; qu'elle nécessite un trop grand nombre de juges par département pour qu'ils soient tous capables et considérés, ou un trop petit nombre dans chaque tribunal pour garantir les parties de tout jugement de compérage, inconvéniens qui existent tous deux dans l'organisation actuelle; que ce trop grand nombre de tribunaux est d'autant plus contraire à l'intérêt des justiciables qu'il est plus favorable au fisc; que leur réduction en facilitant l'augmentation du nombre des juges dans les tribunaux conservés, permettrait une disposition bien désirable pour faciliter la récusation des juges proche parens d'un des avoués plaidans, afin qu'on n'ait plus le scandale de voir juger par le père la cause défendue par le fils; qu'elle donnerait enfin le seul moyen efficace d'opérer l'épuration invoquée alors de toute part pour garantir le Gouvernement royal, protéger les propriétés, ajouter à la considération des juges par un augmentation de traitement, et rendre à la magistrature son ancien éclat par une plus grande étendue de ressort donnée aux cours et aux tribunaux.

Les adversaires de cette opinion voyaient

au contraire l'ordre judiciaire comme compromis et abaissé par une nouvelle organisation. Les uns paraissaient mettre trop de zèle à opérer subitement une grande réforme, les autres montrer trop de faveur pour les institutions nées sous l'influence de la révolution. Le plus grand nombre a pensé que la préparation d'une si grande question devait être laissée à la sagesse du Roi, avertie par les vœux émis dans une discussion aussi abondante, et la première partie de la proposition a été ajournée.

La seconde, relative à l'inamovibilité et à l'époque à laquelle elle devait commencer, avait été débattue dans la discussion générale. On y avait mis aux prises le texte de la Charte et des considérations temporaires, et employé de part et d'autre des raisonnemens plus imposans que solides. Tel s'effrayait d'une année d'amovibilité sur la vie entière d'un juge, qui ne voyait aucun inconvénient dans cette foule de juges suppléans indispensables aux tribunaux dans l'ordre actuel, et qui sont si prodigieusement amovibles qu'ils n'en perdent jamais le caractère. D'un autre côté, comment concevoir que l'Etat fût en danger par l'institution déjà acquise à quelques sujets indignes, qu'une année d'épreuve dût être une garantie suffisante si on n'a que celle-là, et qu'elle soit nécessaire si d'autres ont été données? Mais aussi quand le trône resté vingt-cinq ans renversé, puis un instant relevé et un instant disparu, ne se trouvait rétabli que d'hier, pouvait-on opposer toujours les principes pour écarter la considération des circonstances?

On a pensé que la proposition ne violait aucun principe et donnait une sûreté de plus. La proposition a passé à 189 votes
28 novembre. contre 158, faible majorité qui ne lui donnait pas le crédit désirable sur une matière aussi grave, si l'on considère que l'ordre judiciaire est le plus fort lien de l'association dans laquelle il défend les hommes et la propriété, qui résiste le plus à la tyrannie quand il est bien constitué, et qu'il est plus facile alors de détruire que de faire fléchir.

La Chambre des Pairs a prononcé le rejet.

A la proposition sur la réduction des tribunaux, avait succédé celle tendante à supplier le Roi de proposer *une loi d'amnistie*, sauf les exceptions individuelles qu'elle aurait fixées.

Cette proposition en avait fait éclore aussitôt un grand nombre sur le même sujet. Elle-même avait été provoquée par une autre très-démésurée, pour faire juger l'universalité des coupables de la rébellion du 20 mars. Toutes furent renvoyées à une même Commission, et le rapport longtems médité était prêt à être fait à la Chambre, quand les Ministres vinrent y communiquer, immédiatement après le jugement du maréchal Ney, un projet de loi d'amnistie fondé sur l'ordonnance du 24 juillet.

En attendant l'ouverture de la discussion à laquelle des formes salutaires imposent des délais, la Chambre poursuivant ses vues de restauration, s'est livrée à ses débats intérieurs sur différentes propositions faites dans ce dessein généreux.

Celle-là se fait remarquer particulièrement, en considération de laquelle la Chambre a pris la résolution convertie en loi par le Roi, pour l'institution d'un deuil général et d'un service solennel au 21 janvier de chaque année, ainsi que pour l'érection d'un monument expiatoire. Dans la discussion du projet, en exprimant le premier mon adhésion personnelle, j'ai cru dans mon devoir, comme Député des Ardennes, de rappeler le nombre des victimes dont notre département avait à se glorifier pour la cause du Roi et de l'inviolabilité. Je vous reproduis en entier cette opinion, dont je n'ai fait insérer dans le tems au journal du département que le passage qui lui était le plus directement applicable.

OPINION,

Sur l'institution d'un deuil général, etc.

Séance du 23 Décembre 1815.

(*Voyez* N°. 4.)

28 décembre. La résolution a passé à l'unanimité exprimée par 275 boules blanches.

De M. de Colbert. Un projet de résolution mis aussi à la discussion tendait à faire substituer dans nos différens Codes les mots *Roi*, *Royal*, *Royaume*, à ceux qui témoignaient encore de l'usurpation; mais cette proposition en appelait nécessairement une autre, la révision générale des Codes. La Chambre a reconnu le besoin de ces changemens et aussi la convenance de s'en remettre au Roi pour l'époque et le mode d'exécution (1). Sur cette considération la question préalable demandée a été adoptée.

Plusieurs autres propositions encore ont été successivement développées dans les comités secrets. D'abord, un projet de loi en faveur du clergé pour lui accorder la faculté de recevoir des libéralités (2); Un autre dans le même but de l'amélioration du sort des ecclésiastiques et du soutien de la religion, mais portant la suppression de toutes les pensions des prêtres mariés ou ayant abandonné volontairement le sacerdoce. Enfin un troisiéme pour l'abolition du divorce.

Telle était la tâche que la Chambre s'était préparée vers la fin du mois de décembre, dans le courant duquel elle avait adopté plusieurs projets de loi d'un tel caractère de justice, de nécessité ou de convenance locale

---

(1) Une ordonnance du Roi a sagement prescrit depuis ce qu'il y avait d'exécutable, pour le moment, dans la proposition.

(2) Cette proposition a été reproduite par les Ministres du Roi à la Chambre de 1816.

qu'ils n'avaient presque point éprouvé de discussion, comme celui relatif aux dettes
11 décembre. des colons, adopté par 262 votes contre 3.

Celui aussi établissant que, jusqu'à la promulgation de la nouvelle loi sur les finances, les quatre premiers douzièmes de la contribution foncière de 1816, seraient remis en recouvrement sur les rôles de 1815, et que les impositions indirectes seraient perçues d'après les lois rendues dans la session de
13 décembre. 1814; adopté par 283 votes contre 1.

Un autre portant création de rente pour
Même séance. l'exécution du traité du 20 octobre, adopté à l'unanimité.

Un quatrième relatif aux cantons de Montbeillard et d'Audincour, adopté par 208
14 décembre. votes contre 2.

Enfin un cinquième pour la suppression des places de substituts des procureurs généraux de départemens, adopté par 251
15 décembre. votes contre 3.

La Chambre en était à cette époque de ses travaux, quand un incident y fit naître une
22 décembre. proposition dont la cause et l'objet ne pouvaient manquer de produire beaucoup d'agitation. Elle tendait à faire demander aux

Ministres responsables des éclaircissemens sur l'évasion de Lavalette. Dans les débats qu'elle a accasionnés, ce qui nous a paru particulièrement remarquable, c'est que l'auteur de la proposition a qualifié la Chambre de représentation nationale, que le Ministre de l'intérieur l'en a repris, et que le Président à tout doucement replacé la borne, en disant : *la Chambre qui croit concourir à la représentation nationale ; etc.* M. de Sesmaisons.

Le résultat a été que la Chambre a pris la proposition en considération et l'a renvoyée dans les bureaux; mais la proposition a fait comme Lavalette, elle s'est évadée.

Ainsi s'est terminée la partie de la session appartenant à 1815; et la première séance de 1816 a ouvert la discussion sur le projet de loi d'amnistie.

La Commission qui avait été chargée d'examiner les différentes propositions émanées directement de la Chambre sur le même objet, avait dû suspendre ce travail et s'occuper de préférence du projet produit au nom du Roi. Le Rapporteur a présenté en effet à la Chambre l'avis de la majorité de la Commission sur ce projet, mais avec une suite d'amendemens dans lesquels on reconnaissait plutôt les premières propositions faites à la Chambre que le travail des Ministres. Je suppose, Monsieur, que vous avez suivi la discussion publique sur la loi d'amnistie avec assez d'intérêt pour qu'il ne me reste rien à vous apprendre. Seulement, je vous transmetrai ici une opinion imprimée, mais non prononcée, que j'ai fait distribuer à la Chambre avant l'ouverture de la discussion. Si mes conclusions se sont trouvées conformes à ce qui est résulté ensuite de débats longs, animés et chargés d'une grande diversité de propositions incidentes, vous jugerez que j'avais reconnu avant la discussion ce qui était impérieusement dû aux circonstances et à l'honneur national, sages limites dans lesquelles la Chambre a su se renfermer.

OPINION,

Sur la loi d'amnistie.

(*Voyez* N°. 5.)

Le projet de loi avec quelques amendemens et addition de l'article sur les régicides, a été adopté par 334 votes contre 32. 6 janvier 1816.

En poursuivant l'indication des discussions les plus importantes, je passe le projet de loi adopté sans difficulté, qui porte, à raison des évènemens du 20 mars, prolongation du sursis de poursuite contre les émigrés débiteurs, ayant perdu leurs héritages, gardé leurs dettes, mais remis en possession de quelques parties de biens non vendus; et j'arrive au projet de loi sur les élections. 11 janvier.

Il s'y est présenté un ensemble de choses bien difficiles à concilier : la Charte, les premières circonstances où elle a été négociée, celles où elle a été comme modifiée, les conséquences de l'usurpation placée entre ces deux époques, les déclarations du Roi, enfin les dernières ordonnances de Sa Majesté pour la convocation des Chambres, suite de situations sur lesquelles un orateur nous a ingénieusement développé, à une autre occasion, comment les hommes avaient été menés par les évènemens, plutôt que les évènemens par les hommes, ne restant aux plus habiles que de savoir suivre ce qu'ils ne pouvaient diriger. Cependant au milieu

M. de Lamaisonfort, sur la loi d'amnistie.

de ces embarras produits par la force des choses, le véritable intérêt national se montre avec évidence à chacun; c'est, non le triomphe d'un parti ou d'un systéme, mais le maintien et l'affermissement du Gouvernement tutélaire qui nous est rendu. Dans cette vue on a considéré principalement cette grande question du renouvellement de la Chambre : doit-il être intégral ou bien partiel et successif? On ne pouvait élever une question plus positive pour partager nettement une assemblée délibérante. D'un côté on a pu craindre que la Chambre ne fût trop consistante, et de l'autre que le Ministère ne fût trop absolu. Si des orateurs cherchaient à nous effrayer de l'avenir en nous peignant dans le passé l'audace de ces assemblées trop célèbres, qui ont eu la force du tems avec la vie d'un insecte; d'autres repoussaient cette analogie insinuée que la sagesse de notre législateur a rendu impossible. Mais ils pensaient qu'en se reposant dans le présent sur le Prince qui règne, et sur ceux qui, formés sur son exemple, sont appelés après lui, il était appréhensible pour des générations moins heureuses de voir revenir un nouveau siècle d'orages, un Roi faible ou mineur, des factions ou une régence ; ils croyaient, dans cette supposition, qu'il était sage, pour nous garantir la dynastie légitime et l'ordre de succession établi, de préparer au corps politique, une organisation forte par la prérogative royale, et en même tems solide dans son ensemble, telle enfin qu'elle puisse par sa consistance remplacer ces institutions antiques, qui, après avoir maintenu pendant tant de siècles la maison régnante, ont cependant disparu dans une rêverie constitutionnelle, bientôt évanouie elle-même dans la tempête révolutionnaire, avec plusieurs autres encore, comme des figures fantastiques dans des nuages orageux.

La question sur le nombre des membres s'est présentée ensuite. Elle semblait devoir être décidée par la solution de la première, puisque dans l'hypothèse du renouvellement intégral et d'une législature de cinq ans, le nombre actuel des membres paraît plus nécessaire que sous le renouvellement successif qui tiendrait la Chambre presque toujours au complet.

Enfin la question sur l'âge traitée en troisième ligne, paraissait également devoir dépendre de ce qui aurait été réglé pour le nombre, car plus ce nombre serait grand moins la faculté d'éligibilité devrait être restreinte.

D'où l'on tire cette conséquence, que ces deux dernières questions ayant été résolues par l'ordonnance du Roi, qui a donné à la Chambre sa composition actuelle (1), la première se trouvait nécessairement préjugée en faveur du renouvellement intégral.

Si sur ces questions et particulièrement sur la première, il s'est montré plus d'opposition entre les hommes que de difficultés dans les choses, les modes d'élections proposés ont présenté véritablement une foule d'inconvéniens réels, et presque l'impossibilité de concilier la garantie d'une bonne représentation avec les intérêts locaux. Ils sont si divers dans ce Royaume, que l'on verrait la même disposition produire, dans des départemens différens et quelquefois dans le même, des résultats très-contraires, consacrer dans un pays les abus de l'oligarchie, favoriser dans un autre tous les excès de la démocratie, livrer dans une contrée la députation à ceux-

---

(1) De 1815.

là seuls que la révolution a dotés, et prostituer autre part le droit d'élire à ceux qui demandent encore une révolution ; de sorte que le moindre inconvénient serait ce résultat inévitable, que les propriétés ni les personnes ne pourraient être semblablement ni sûrement représentées.

Nous avons entendu proposer à la tribune de substituer à toutes recherches et considérations sur ces difficultés l'autorité de l'opinion publique; mais où réside donc cette opinion publique, a-t-on déjà demandé? Sans doute on ne veut pas nous soumettre de nouveau à celle qui, aprés avoir régné quelque tems dans les carrefours et s'est assise un instant sur le trône, a fait orage par-tout. Si c'est celle-là cependant qui a ensanglanté si longtems notre Europe et qui secoue encore les deux hémisphères, proclamons-là, non la reine du monde, mais bien plutôt la reine des enfers. Quant à celle qui se trompe si souvent sur l'intérêt général dont elle se croit le représentant, qui varie avec les évènemens au lieu de les diriger, change avec les tems plutôt que d'y résister et fait tout juste le contraire de ce que la raison prescrescrit, doit-on s'y abandonner alors que là tourmente dure encore, et aller où elle souffle quand le tems n'est pas fait. Et lorsqu'il serait opportun de l'interroger (supposé qu'on sache bien où la prendre sur une proposition générale) a-t-elle voix sur les détails, pour prononcer, par exemple, dans quels départemens l'agitation des élections serait salutaire, ou nulle, ou dangereuse; sur quel mode il convient de les régler à l'Est et au Midi, dans le pays où on est riche d'un petit héritage et dans celui où le propriétaire mendie (1)? Sans la mépriser mais loin de nous en rendre esclaves, en l'écoutant mais sans nous croire obligés d'y obéir, croyons que c'est au centre de l'administration où se cumulent tous les renseignemens, et au foyer des lumières réfléchies paisiblement de toutes les parties du Royaume par l'appel des Chambres, qu'une bonne loi d'élection pourra s'élaborer, sans l'intervention impérative de cette opinion qui juge assez bien ce qui est, fait et conseille si mal ce qui est à faire, de cette clameur qu'on voudrait nous donner

---

(1) Comme dans les Landes.

pour souveraine et qui n'a été trop souvent qu'une usurpatrice violant avec éclat les droits imprescriptibles de la justice. Le sentiment du peuple n'est point une opinion : aimer, adorer la cause de l'ordre et du bonheur, n'est point s'ingérer dans les moyens. Lorsque le peuple baisait la botte du courier qui apportait de meilleures nouvelles de Louis XV, parti pour l'armée et resté dangereusement malade à Metz, il manifestait son amour pour son Roi et ne pensait pas exprimer une opinion sur le gouvernement monarchique. Les institutions avantageuses au peuple et qui ont eu quelque durée ne sont point venues de lui : Lycurgue ne consulta point le sien pour lui imposer sa loi si dure et si longtems honorable, ni Numa, ses guerriers pour les rendre religieux. En France l'opinion qui fait le plus de bruit se dit toujours l'opinion publique, comme chaque faction qui régnait se disait toute la Nation. Mais si on ne sait où la prendre, cette opinion des sages que je suppose le Gouvernement chercher toujours, l'esprit public, on le trouve par-tout : la prétention de chacun à une certaine portion de liberté dérivant de toutes ces libertés dont le nom de *Français* semble être la plus simple expression ; l'amour et l'orgueil de l'indépendance nationale ; enfin l'ambition, la passion même de toutes les gloires personnelles, tels sont en France les signes de l'esprit public qui se manifeste, pour ainsi dire, dans chaque classe de la Nation. De quelles autres choses donc s'enquérir auprès d'elle pour la gouverner !

Au reste la Chambre dans ses hésitations a paru avoir besoin de nouveaux renseignemens pour combiner une loi d'élections, dont le mode d'application fût le moins défectueux possible. On ne saurait trop recommander aux esprits sages, précisément les moins empressés à paraître, de produire ou de communiquer leurs connaissances locales sur cet objet qui intéresse chaque pays sous des considérations diverses (1).

J'avais essayé de jeter quelques idées sur le système de la loi en général, dans une

---

(1) On a depuis réglé toutes ces choses en un seul article de loi, sauf à régler l'effet de la loi s'il devient nécessaire.

opinion qui a été distribuée en deux parties à la Chambre avant l'ouverture des débats. Je vous la communique, Monsieur, pour obtenir de vous un échange utile.

OPINION

Sur la loi des élections.

PREMIÈRE PARTIE.

(*Voyez* N° 6.)

DEUXIÈME PARTIE.

(*Voyez* N° 7.)

Le projet de loi, amendé en grande partie dans le système de la Commission, a été adopté à la Chambre des Députés, mais seulement par 180 votes contre 132, faible 6 mars.
majorité dont le résultat ne s'est point soutenu à la Chambre des Pairs.

Il s'était écoulé juste un mois depuis le premier rapport sur cette loi jusqu'à la clôture de la délibération. Cette longue discussion n'avait été interrompue que par la communication triste et touchante de cette lettre de la Reine, dont la lecture sembla produire dans la Chambre une apparition auguste. Ce n'est pas crainte d'oubli de votre part, Monsieur, que je vous rappelle cette communication qui a bientôt retenti dans toute la France, mais pour vous la citer comme un témoignage remarquable que le Roi a donné à la Chambre de son affection, en l'associant ainsi aux sentimens de peine et d'admiration dont Sa Majesté venait d'être profondément pénétrée.

Cependant, les travaux de la Chambre en séances publiques n'avaient pas ralenti ceux qui remplissaient ses comités secrets. Elle avait discuté successivement un projet

De M. de Castelbajac. de résolution, pour autoriser le Clergé à recevoir des libéralités et renfermant différentes dispositions sur cet objet; adopté

25 janvier. à 189 votes contre 113.

De M. de Blangis. Un autre, relatif aussi au Clergé, proposé d'abord dans une vue très-restreinte, ensuite prodigieusement agrandi dans un rapport

Par M. Roux de Laborie. très-remarquable, puis réduit à la suppression des pensions faites aux prêtres mariés ou ayant quitté volontairement le sacerdoce, mais avec un amendement pour le cas de

9 février. secours nécessaire. Adopté par 168 votes contre 64.

Enfin, le projet de résolution relatif à l'abolition du divorce, adopté par 199 votes contre 22. 2 mars.

Il m'a paru bien regrétable que les formes sagement imposées pour les développemens, la discussion et la délibération des propositions nées dans le sein de la Chambre, ayent privé le public d'entendre prononcer le discours et le rapport qui ont établi la nécessité de l'abolition du divorce. Le premier est au nombre de ceux dont on voudrait beaucoup parler, mais qu'on ne saurait extraire; qui, remplis de hautes considérations, véritables fruits de méditations profondes et toujours appuyés sur des vérités éternelles, ont été si fortement conçus, qu'on ne peut y supprimer une idée sans rompre la liaison nécessaire des autres, en omettre une seule proposition sans affaiblir la conséquence générale, résultat de toutes, de sorte que la logique y montre, pour ainsi dire, toute la rigueur mathématique; mais que l'esprit a su embellir de ses formes ingénieuses! L'autre, malgré la gravité de la question, était ravissant à entendre, par une harmonie et soutenue des rapports de la pensée au sujet, et des convenances

De M. de Bonald.

De M. de Trinquelague.

du style aux pensées. La pureté des principes, la solidité des raisonnemens, ornés de tableaux vrais, de peintures suaves, et la magie d'un débit gracieux qui accompagnait tout et ne couvrait rien, donnaient à cette lecture un charme particulier, et en faisaient une sorte de délassement que j'aurais souhaité quelquefois dans nos séances publiques aux tribunes ennuyées, comme après une discussion sur le budget, par exemple.

9 mars. Nous voici enfin arrivés à ce budget, dont la délibération était le plus grand besoin de l'Etat et le premier travail obligé de la Chambre. Ce serait bien, Monsieur, un sujet pour être long dans le rapport que j'ai entrepris de vous faire, mais c'est précisément la matière sur laquelle je m'efforcerai le plus de remplir l'engagement d'être succinct; car, ce que tous les hommes entendent le mieux et où il y a le moins à leur apprendre, c'est certainement leur intérêt pécuniaire : il n'est aucun de nous qui ne sache parfaitement jusqu'où s'étendent ses facultés pour payer l'impôt, et le mode de paiement qui lui serait le moins préju-

diciable ; quelles opérations de finance, d'industrie ou de commerce il lui importe de voir protéger par le Gouvernement, et quelle est la protection la plus efficace qu'il lui convient de réclamer. En même tems c'est au Gouvernement à combiner le premier tous ces intérêts, qui gravitent les uns sur les autres, pour les accorder avec les besoins de l'Etat en relevant les faits d'expérience sur tant de systèmes essayés. Mais c'est aussi à tous ceux qui ont un avis à donner, de recueillir les renseignemens partiels préférablement aux doctrines exclusives, et de se défendre de ce qu'on voudrait appeler aussi en finance l'opinion publique qui ne peut percevoir que des généralités, directions si dangereuses dans cette partie si on n'y reçoit que celles-là.

La Chambre, placée au milieu de toutes les réclamations et des conseils, des prétentions et des censures, a marché droit et ferme vers son but, c'est-à-dire vers l'intérêt le plus général, qu'elle a dû considérer avant tout dans la garde qui lui avait été confiée de la fortune publique. Sa Commission après un long travail est venue lui présenter un projet différent de celui qui avait été proposé, et particulièrement sur l'arriéré. La discussion s'est donc ouverte sur ce nouveau budget, et les principales matières qui l'ont nourrie se présente ainsi :

L'arriéré,

L'établissement des dépenses,

Celui des contributions directes,

Celui des contributions indirectes,

Les droits de douanes,

Et les ressources extraordinaires.

Le premier article a offert une question incidente, née d'une proposition des Ministres, qui tendait à retirer de leur projet de loi le titre IV relatif à l'arriéré jusqu'au 1er avril 1814, à ajourner le paiement de l'arriéré postérieur, jusqu'au 1er janvier 1816, et à dépouiller la Chambre de la connaissance du précédent dont elle était investie. La discussion a nonobstant continué, et ses progrès ont amené une autre proposition des Ministres, la réunion des arriérés et l'atermoiement à cinq ans. Cette proposition se trouvait conforme au vœu le plus général de la Chambre, qui paraissait avoir été déterminée sur ce point par l'opinion lumineuse d'un de ses membres, opinion pleine de finances, remplie que de cela et où il avait établi la doctrine la plus saine sur l'arriéré. Par cette démarche du Ministère, l'initiative royale a semblé plus positivement maintenue, et la mesure proposée a fait éviter d'entreprendre une chose impossible, le remboursement intégral sans délai; et d'ordonner ce qui paraissait injuste, la consolidation forcée. En même tems, les forêts nationales ont été soustraites à la rapacité des compagnies soumissionnaires ou à la dilapidation des enchères simulées; les communes ont conservé le reste convoité de leurs propriétés, le bois antique qui protège le village et ses sources, l'affouage qui chauffe la famille, le communal où pâturent l'oie et la brebis du pauvre (1); enfin, l'expropriation a cessé d'être une ressource consacrée à l'usage du fisc, et il n'en a coûté à la Chambre que

(1) Nous en connaissons de cette nature dans notre département, qui avaient été déjà mis à la disposition du domaine, mais que la courageuse résistance du Maire a conservés à sa commune jusqu'à la loi salutaire du 28 avril.

certaines censures, où l'on a reconnu bien moins les restaurateurs de la monarchie, que les *conservateurs* de la révolution.

Cette proposition adoptée à une grande majorité, la discussion a été suspendue par la communication de l'heureux évènement qui devait être un sujet de joie pour toute la France, le mariage de Monseigneur le Duc de Berry, et par la proposition des projets de loi relatifs à son établissement. L'émotion à laquelle la Chambre s'était livrée au cri de *vive le Roi*, ne lui permettait guère de reporter son attention à des détails de finances; cependant on a traité de suite la partie concernant l'emprunt de 100 millions, sur laquelle les Ministres et la Commission restaient en différent. Les premiers offraient, pour moyen de régulariser cette contribution de guerre, la levée d'une nouvelle contribution extraordinaire de 75 centimes, c'est-à-dire, des trois quarts du principal des contributions directes, sur lesquelles il serait prélevé 20 millions destinés à rembourser les avances faites par les départemens, pour habillement et équipement des troupes alliées, et 41 millions environ pour appliquer en secours aux départemens qui, comme le nôtre, avaient le plus souffert des ravages de la guerre. La Commission, dans son projet, ne considérant nullement la position de ces départemens de la frontière, écrasés deux fois par les armées de l'usurpateur et celles de l'invasion, mais seulement l'intérêt des particuliers qui avaient fourni à l'emprunt, proposait sa consolidation. J'ai hazardé de demander un moyen terme qui satisfît ces divers intérêts, et fût moins onéreux à l'Etat et aux contribuables, qui nous sauvât du fléau des centimes additionnels, et nous soulageât de celui de la guerre. Il était facile de sentir tous les inconvéniens d'un nouveau rôle de charges extraordinaires, malgré l'assurance des commissaires du Gouvernement qu'il ne serait en grande partie que fictif et un échange de quittances; et l'on ne pouvait ignorer que la publication seule d'un tel rôle, aurait été dans nos départemens une calamité. D'un autre côté, on pouvait prévoir également que si par la consolidation les gros capitalistes parvenaient à être remboursés, les petits propriétaires atteints par la répartition au marc le franc, comme elle a eu lieu ici et dans beaucoup de localités, seraient les seuls qui perdraient à peu près tout, sans même avoir l'honneur de *l'abandon* dans leur position obscure. Je n'ai pas eu l'avantage d'attirer l'attention de la Chambre sur ces considérations; je ne vous en exposerai pas moins, Monsieur, comment je les ai présentées, et vous jugerez si un soulagement prompt et direct n'eût pas plus certainement résulté de ma proposition, que des secours assignés illusoirement sur des contributions arriérées, dont finalement il ne nous est rien parvenu.

OPINION

Sur l'Article 5 *du Titre III du Budget de* 1816.

(*Voyez* N°. 8.)

Après la discussion des quatre premiers titres, on est arrivé à une disposition très-importante, par la division en budget ordi-
26 mars.
naire et budget extraordinaire, rejettant dans celui-ci les dépenses dont on peut espérer une prochaine libération, et les ressources créées pour les couvrir. Les Ministres n'y

ont point montré d'opposition, et ainsi a été brisé peut-être le système du Gouvernement illégitime qui prétendait faire entrer chaque contribution nouvelle dans l'habitude de nos charges ordinaires, jusqu'à l'engloutissement presque total dont il menaçait nos domaines privés et nos domaines communs, s'efforçant chaque jour, par la combinaison de l'imposition et de l'expropriation, à renverser le dogme social de la propriété qu'il était réservé au règne des Bourbons de rétablir.

Une autre disposition également importante prise à la suite de l'établissement des contributions directes, a réglé qu'il serait fait sur les centimes additionnels aux contributions foncière, personnelle et mobilière, un prélèvement de 12 centimes pour les dépenses fixes, communes et variables des départemens et remis à leur disposition. Ce système de spécialité, substitué à celui de la centralisation qui avait été inventé pour le besoin d'un Gouvernement dévorant et dans lequel, par un reversement absurde, les commis devenaient nos administrateurs et nos administrateurs des commis, la spécialité dis je, aura été considérée dans tous les départemens comme un bienfait et un signe sensible du retour au Gouvernement légitime. Rien certainement ne saurait donner plus de popularité à ce Gouvernement rétabli que la restitution des avantages qui attachaient le citoyen aux localités par la consistance des administrations, et donnaient sous les yeux de chacun de nous dans sa province ou dans sa ville une représentation de ces grands intérêts dont l'ensemble est la patrie. On était fier de dire : nos Etats, notre Cité; mais quelle élévation de pensée et de sentiment voulez-vous qu'on attache à un bureau, à une division de tel ministère que ce soit, fut-ce celui de la police générale? Dans la révolution les novateurs avaient pensé ou feint de croire qu'en forçant les citoyens de renoncer à être Languedociens, Bourguignons, etc. ils n'en seraient que plus Français; il est arrivé tout le contraire : la destruction de ces intérêts locaux qui caractérisaient les différentes provinces, a fait disparaître aux yeux de tous l'intérêt général, auquel s'est substitué tour-à-tour l'intérêt de chaque faction régnante; et les Français dépouillés de leur patrie légitime, dont ils n'apercevaient plus la réalité, s'en sont créés une imaginaire dans la fortune avantureuse d'un seul homme. C'est alors que l'intérêt du pays a été vendu publiquement à l'intérêt d'un ambitieux, pour qui cette acquisition ne suffisait point encore. On ne s'est plus enquis où étaient les limites de la France, mais où son dominateur pourrait les porter, afin de briguer un emploi, une dotation, une nouvelle patrie sur une terre étrangère. Aussi chaque fois que la Chambre, aidée de son Roi, a fait un pas de retour vers l'ancienne France, elle a cru rendre hommage à cette patrie outragée et bien mériter d'elle (1).

Les Ministres n'ont point contesté le prélèvement de douze centimes, mais seulement la quotité à réserver pour former un fonds de secours commun à tous les départemens. On a abandonné à l'expérience ce qu'on ne pouvait de part ni d'autre appuyer sur des faits positifs ; en attendant on a fixé à deux centimes le fonds commun.

C'est le lendemain de ces débats, sur la diverse application de quelques centimes, que les Ministres sont venus annoncer l'a- 27, 28, 29 mars.

---

(1) *Voyez* note A, page 84.

abandon fait par le Roi et Monseigneur le duc de Berry aux départemens en détresse, des sommes votées au delà de celles que Sa Majesté avait demandées : assaut de générosité qui a mérité d'être considéré, moins sous le rapport d'un intérêt de finances, que dans les intentions réciproques qui manifestaient également un sentiment touchant.

L'établissement des droits de timbre et d'enregistrement a occasionné une discussion remarquable, en ce qu'on y a attaqué le projet de la Commission, que les commissaires du Gouvernement ne combattaient pas. Ce projet portait une augmentation de plusieurs droits qui devaient frapper sur un grand nombre d'objets, au lieu d'adopter une augmentation très-considérable des droits perçus pour mutation en ligne directe et repoussée généralement dans les bureaux. En effet on y avait considéré ce droit comme vicieux dans son principe, attentatoire à la propriété, puisqu'il attaque les capitaux, et susceptible d'être aboli ou réduit plutôt qu'augmenté. Les adversaires de la Commission ont pensé qu'une partie des droits proposés portant sur les actes judiciaires et extra-judiciaires, cet accroissement dans les frais de procédures pourrait détourner souvent de plaider, tandis que le droit sur les successions directes n'empêcherait jamais de mourir, et que par conséquent la rentrée de celui-ci serait plus assurée. Ce sont de ces raisonnemens toujours reconnus péremptoires sous le dernier gouvernement, et dont il a été conservé une habitude invétérée par ceux qui y participaient. La Chambre, loin de se traîner sur ces traces odieuses, a jugé, dans l'intérêt des contribuables, qu'un impôt facultatif était toujours préférable à un impôt forcé; et a trouvé, dans ses principes sociaux, qu'il était de son devoir de protéger, plutôt la transmission la plus légitime des héritages que la passion si funeste de les contester.

Après avoir été forcée d'appliquer une mesure fiscale aux fortunes et aux actes, mais de la manière qui a paru la moins préjudiciable aux administrés, la Commission a proposé d'atteindre jusqu'aux traitemens des fonctionnaires publics et des employés du Gouvernement, et d'en borner la cumulation. Après les sacrifices du Roi et des princes, tout paraissait proposable en ce genre. Le sujet a fourni l'ample matière d'un discours véhément, dans lequel l'orateur a traité sans quartier la multiplicité des emplois et l'énormité des traitemens, sorte d'échafaudage du Gouvernement impérial, qui ne pouvait s'attacher que des salariés, et tendait sans cesse au nivellement réclamé en 93, pour que la fortune d'aucun particulier ne dépassât le salaire d'un fonctionnaire public. L'orateur a conclu à des réformes très-rigoureuses; quelques-uns ont demandé sur la cumulation un petit nombre d'exceptions dans l'intérêt et pour l'honneur des lettres et des sciences. La Chambre moins sévère que le premier, et aussi moins généreuse que les autres, s'en est tenue au projet de la Commission.

Le Roux-Duchâtelet.

M. Maine de Biran, et autres.

Sur le supplément des cautionnemens, il s'est trouvé peu de chose à dire, si ce n'est que chacun fit son compte; car celui de l'Etat exigeait de recourir à cette ressource et à bien d'autres encore. L'ordre de la discussion a conduit ensuite au projet d'une caisse d'amortissement destinée à diminuer progressivement la dette publique par le rachat des parties de la rente constituée. Il ne pouvait

30 mars.

s'élever d'opposition formelle contre la théorie de cette institution. Cependant un de nos collègues a témoigné que dans notre position difficile, l'amortissement lui paraissait d'un effet douteux, puisqu'il ne pouvait avoir de réalité qu'à l'aide d'un excédant de revenu disponible, et qu'un déficit dans le service ordinaire, comme il ne pouvait manquer d'y survenir, substituant des créances nouvelles à des créances remboursées, l'amortissement qui ne serait alors que fictif, ne présenterait au crédit public qu'une illusion passagère (1). Celui qui avait proposé l'atermoiement.

La proposition a été néanmoins adoptée.

On a passé aux contributions indirectes, une des sources les plus fécondes du revenu de l'État. Toute la France avait retenti des réclamations du commerce contre les six nouveaux droits proposés par les Ministres, qui, sans doute, pressés par le tems, n'avaient rien trouvé de mieux que de faire improviser ces ressources désastreuses pour assurer le service de 1816. Ces réclamations 1-3 avril.

(1) C'est encore plus vrai quand on emprunte et qu'on n'a plus de matière imposable pour y asseoir l'intérêt de cet emprunt.

étaient tellement fondées, qu'elles ont réuni en leur faveur les bureaux, la Commission du budget et l'opinion même du directeur général. La Chambre, en repoussant cette proposition hasardée des six nouveaux droits, a sauvé le commerce et l'industrie française du coup le plus funeste qui pût lui être porté au sein d'une assemblée délibérante; car le produit des six droits proposés aurait excédé 80 millions, sans les frais d'administration et de perception. Cependant il n'était plus loisible de se concerter avec le commerce sur un nouveau mode de perception, qui le sauvât du moins de l'obligation ruineuse de faire l'avance des droits sur ses fonds de fabrication, avance incertaine dans sa rentrée, et qui produirait dans ses spéculations une hésitation préjudiciable; sur un mode, enfin, qui le mit à l'abri de toutes les mesures inquisitoriales dont on avait imaginé de gêner l'industrie à l'intérieur des fabriques et dans son premier mouvement, comme pour l'y paralyser. Dans la suite on trouvera sans doute plus juste et mieux combiné de percevoir chez le détaillant, tout prés de la main du consommateur, les droits qu'on se propose d'établir sur les principaux objets de fabrication et de commerce. Cet impôt alors se divisera de lui-même dans la cote la plus petite possible, légère à supporter, et même facultative, de forcée qu'elle aurait été à l'origine de la fabrication. A la vérité, ce mode entraînera dans le domicile des détaillans un exercice qui paraîtrait une vexation intolérable, si on n'y mettait les bornes nécessaires pour en adoucir l'effet; et encore faut-il s'attendre à y voir répugner fortement ces mêmes hommes, si patiens à supporter pendant longues années l'impôt le plus tyrannique qui ait jamais été commandé et obtenu, impôt qu'on ne fraudait qu'en se ruinant, qui tous les ans décimait nos familles, grevait notre patrimoine par des rachats excessifs, taxait même les infirmes et avait fini par atteindre l'enfant déjà plusieurs fois redimé.

Les anglais, par pur esprit public, se sont assujétis aux précautions les plus obsédantes, employées par les officiers de l'accise pour assurer la perception et prévenir ou punir la fraude. Déclarations préalables, visites domiciliaires de jour et de nuit, présence des commis à toutes les opérations de la distillation, le robinet ouvert et fermé seulement devant eux, le sac de houblon non enlevable dans le champ s'il n'a été pesé, faculté aux officiers de l'accise de faire condamner jusqu'au delà de mille livre sterlings d'amende; telles sont, en Angleterre, les rigueurs de l'impôt le plus productif. Ce n'est assurément pas de pareilles mesures que la Chambre aurait proposées; mais il fallait chercher des remplacemens aux droits rejetés: on s'est arrêté à ceux-ci:

110 centimes sur les patentes.

50 sur les portes et fenètres.

10 sur la contribution personnelle et mobilière.

5 avril. On discutait paisiblement cette partie du budget, quand les Ministres sont venus apporter à la Chambre un projet pour donner force de loi aux ordonnances des 13 et 21 juillet 1815, relativement à la composition des colléges électoraux, au mode des élections, au nombre et à l'âge des Députés, et qui confirmait la composition actuelle de la Chambre, sous ces deux rapports.

Le lendemain on a écouté tout ce qui pouvait se dire contre le monopole du tabac, et l'on a adopté de nécessité la proposition de le maintenir, puis, on a entamé la discussion sur les droits des douanes. 8 avril.

Mais un prompt rapport sur le projet de loi relatif aux élections, en venant interrompre la discussion du budget, a occasionné un débat personnel, une de ces scènes toujours affligeantes pour ceux qui se tenant hors de la domination de l'esprit de parti, et dans une position peu évidente, peuvent juger plus sainement du véritable intérêt de la chose publique. Toutefois, on eut lieu de s'étonner peut-être de voir les Ministres proposer sur les élections, une loi provisoire, mais nécessaire pour attendre la loi constitutionnelle, et des efforts pour aussitôt en éloigner le rapport et la discussion. C'est toujours un triste présage lorsque, sous un Gouvernement qui rappelle toutes les anciennes idées de franchise et de loyauté, le ministère se croit obligé de marcher par des voies qui semblent y être contraires.

Le principal amendement de la Commission tendait à réserver, dans son entier, la question sur le mode de renouvellement de la Chambre, jusqu'à ce qu'elle fût résolue constitutionnellement, de manière que la loi ne pût servir que pour un renouvellement total, non pour celui d'une fraction seulement, et que le provisoire, enfin, ne devînt pas le définitif.

Cette précaution caractérisait encore une situation pénible, et le projet de loi amendé dans ce sens, a été adopté par 205 votes contre 116. 10 avril.

N'ayant pas été envoyé à la Chambre des Pairs, il est resté sans effet.

Pour moi, Monsieur, en suivant ma route tout droit, je vous ramène au budget et à la discussion sur les douanes.

Ce travail est la partie vraiment louable du projet de loi des Ministres sur les finances. Etablir une infinité de droits aussi divers que les besoins de l'homme civilisé, les combiner de manière à augmenter les ressources du trésor en se préservant d'un forcement qui en renverserait les calculs, les concevoir moins encore dans l'intérêt du fisc que dans celui du commerce national, enfin, protéger et exciter notre industrie, repousser à la fois les rivalités préjudiciables, et autant que possible, le système anti-social de la prohibition, invoqué si souvent par l'intérêt particulier; tel était le problême sur les douanes que s'était proposé et avait résolu en partie le directeur de cette section des finances.

La matière a eu de plus le bonheur d'obtenir dans la Chambre un rapporteur très-versé dans les intérêts dont il avait à traiter et doué d'un esprit lucide. Aussi s'est-il fait écouter avec une faveur particulière, donnant de chaque objet de la discussion une compréhension facile, et sachant ainsi, sur une matière bien sèche, exciter un intérêt toujours soutenu. Son secret a été de serrer de près son sujet et de ne présenter que lui, sans aucune de ces phrases comme je m'en permets ici, qui sont beaucoup plus faciles à arranger que des intérêts, et qui embarrassent moins à faire qu'un bon règlement. M. Morgan de Belloy.

Mais tout en applaudissant au travail en général, je me suis cru fondé à solliciter avec un de nos collègues le changement d'une disposition contraire à la fois aux intérêts de notre département et aux vrais 13 avril.

principes en matière de douanes. C'est relativement au nouveau droit proposé sur les charbons de terre qui nous viennent par la Meuse et qui sont une matière première pour notre industrie. Nous avons eu en opposition, d'abord un parti pris par le Directeur général, et ensuite un Membre de la Commission du budget qui est venu exposer de nouveau, pour motif décisif, le besoin de protéger les houillères de Flandre et du midi, ne s'étant pas donné la peine d'apprendre en nous écoutant, que ces mines étaient pour nous dans la lune, vu leur éloignement de nos usines et le défaut de communication directe par eau. Ma réclamation a été écartée; je vous en transmets néanmoins les motifs, Monsieur, tels que je les ai exposés.

OPINION

Relativement au droit d'entrée sur les charbons de terre.

(*Voyez* N°. 9.)

Un de nos collègues n'a pas été plus heureux sur la demande qu'il a formée d'un entrepôt réel pour Mézières et Charleville; mais du moins on lui a opposé des considérations d'une importance positive; l'intérêt si majeur de notre commerce maritime, auquel il convient de conserver l'importation des denrées coloniales par les ports du royaume, et la nullité d'intérêt qu'aurait l'entrepôt réel si on y prohibe ces importations par la frontière.

Quelques débats intéressans sur différens droits relatifs aux cotons, aux laines, aux eaux-de-vie, aux denrées coloniales, etc., et dans lesquel chaque députation a défendu ses intérêts locaux, ont entretenu la discussion dans deux séances: et après avoir consenti presque unanimement un crédit de six millions de rentes pour être employés à diminuer les charges extraordinaires, s'il y avait lieu, la Chambre enfin a été au scrutin sur l'ensemble du projet de loi et l'a adopté à 257 votes contre 6. 17 avril.

Un projet de loi présenté, et relatif à l'extinction par décès des rentes viagères et pensions ecclésiastiques, en affectait spécialement le produit à l'amélioration du sort du clergé et des institutions qui en dépendent. La Chambre y avait ajouté, sous forme

d'amendement une disposition qui réglait que les biens non vendus du clergé seraient rendus en nature, après une évaluation de leur produit, dont le montant viendrait en déduction des sommes fixées pour les dépenses du culte et le traitement de ses Ministres. La loi ainsi amendée et portant trois autres articles règelmentaires, a passé à une grande
25 avril. majorité de 214 votes contre 50. Néanmoins le projet, ainsi voté, n'a point été envoyé à la Chambre des Pairs; la disposition ajoutée ayant paru au Gouvernement de nature à être l'objet d'une résolution et non d'un amendement.

Enfin, un projet de loi conforme à la résolution du 2 mars pour l'abolition du divorce, a passé à une grande majorité de 225
27 avril. votes contre 11.

La Chambre ne pouvait terminer plus honorablement ses travaux, lorsque sa session a
Même séance. été immédiatement close.

Je m'arrête aussi. Vous aurez remarqué, Monsieur, que j'ai fait plus d'efforts pour courir mon sujet que pour l'embrasser. Cependant je croirai avoir rempli mon objet, si ce mémorial rapide a suffisamment fait passer sous vos yeux tous les actes de la Chambre, s'il vous en a exposé nettement le résultat qui seul doit déterminer la louange ou le blâme qu'elle peut avoir encouru dans sa longue session, si enfin il vous a donné lieu de connaître que je suis toujours resté dans les conséquences des choses et dans le caractère d'un bon et loyal Député.

J'ai l'honneur d'être, etc.

P. S. Monsieur, ma réélection, après l'ordonnance du 5 septembre, m'a confirmé dans la confiance d'avoir rempli loyalement mes devoirs de Député. Je dois déclarer qu'il n'est point venu à ma connaissance qu'aucune manœuvre imprimée, écrite ou seulement verbale, ait été employée pour influencer ou gêner nos élections. Vous savez si j'ai fait la moindre démarche pour obtenir cette nouvelle faveur de notre département; mais j'avoue qu'elle m'a été extrêmement flatteuse, que c'est le plus grand honneur qui ait été mis à ma portée, et qu'il aurait comblé mon ambition, si j'en avais exprimé une. Agréez donc mes remercîmens pour vous et vos amis; car je me considère également élu par ceux qui m'ont favorisé de leur opinion comme par ceux qui m'ont accordé leur suffrage.

Note A, page 69, *sur la spécialité et la centralisation.*

On a trouvé merveilleuse cette centralisation administrative, à la faveur de laquelle on nous représente, avec admiration, toute la France se mouvant *comme un seul homme.* Elle a été, en effet, très-ingénieusement inventée pour le plaisir de celui qui faisait faire l'exercice à cet homme-là. Cependant s'il y avait toujours apparence dans ce mouvement, la réalité n'était pas aussi complète. La centralisation, poussée à l'excès, produisait fréquemment des résultats en sens contraire de ceux qu'on se proposait d'obtenir, et ralentissait le mouvement au lieu de l'accélérer. On a vu, sous le dernier Gouvernement, l'administration rester souvent en chemin et ne point arriver aux administrés; plus d'un édifice public tomber en attendant l'autorisation de le réparer; une toiture périr avant qu'on eût achevé de calculer, à Paris, combien il serait permis d'y employer d'ardoises en Champagne.

Cette centralisation exclusive n'était nullement conforme aux modèles que nous fournissent les ouvrages de la création et notre propre nature, où il est assez raisonnable, cependant, de chercher des principes d'ordre et de régularisation. Du polype jusqu'à l'homme, le perfectionnement de l'animalisation est gradué et immense, matériellement parlant, selon la science des tems. S'il n'y a qu'un centre, qu'un système d'organisation dans le premier, il en est plusieurs dans l'homme, comme celui de la circulation, de la respiration, de la digestion, etc. Le polype est réduit à un seul, celui de la digestion : aussi est-il tout estomac. Or, il paraîtrait assez évident que c'est sur ce type d'organisation que le génie de l'ursurpateur aurait conçu ce Gouvernement, que tant d'estomacs admirent encore. Mais nous avons le présage que sous le Roi légitime il sera pris un modèle plus élevé. Le Ministre n'abandonnera rien de ce qui, sorti de ses mains, pourrait entraver la marche de l'administration supérieure; mais, en même tems, il concédera aux administrations départementales et municipales, tout ce qui pourra être avantageux et même agréable aux administrés, sans compromettre l'hiérarchie des autorités nécessaires, ni l'action de l'autorité génératrice de toutes, celle du Roi; et sans nous vendre trop cher non plus la satisfaction de régir nous-mêmes quelques intérêts de famille.

www.ingramcontent.com/pod-product-compliance
Ingram Content Group UK Ltd.
Pitfield, Milton Keynes, MK11 3LW, UK
UKHW021111290826
14628UKWH00014B/1588